aber das Ganze muss noch skalieren!

und damit werden wir
dann zum Marktführer.

und schiebt das alles
auf eine angebliche
ADHS-Diagnose.

das ist mittlerweile
Best Practice!

so wird das nix mit

to the Moon!

das ist der absolute
Gamechanger!

denn manchmal
muss Erfolg auch
weh tun.

einfach eine

Win-win-Situation!

das sollte der
Ethikrat besser nie
mitbekommen.

so werden dann endlich
Leads generiert!

und dann wird das
komplette Management
ausgetauscht.

und ab da rollt der

Content-Tsunami!

das muss die Gen Z
erst noch lernen.

das liefert natürlich
jede Menge wichtige
Daten!

– es ist einfach alles
eine Katastrophe.

und will die
8-Stunden-Woche bei
vollem Lohnausgleich!

– das ist natürlich
ein Call to Action
für Early Birds!

nur so kommen
wir an die
Low Hanging Fruits!

dazu muss man
nochmal ein
Brainstorming machen.

das macht Elon Musk
genauso!

deswegen fällt
der Aktienkurs ins
Bodenlose.

– und so endet man
dann auch als
„Thought Leader“
auf LinkedIn.

wenn die Presse
davon Wind bekommt,
sind wir geliefert.

dafür muss uns
der Markt einfach
lieben.

so geht das nämlich
mit Thinking-
outside-the-Box.

– und du kannst
das auch!

alles nur für die
Work-Life-Balance.

ein Desaster!

das müssen die
dringend im
Führungskräfte-
Coaching reflektieren.

da kann nicht mal
mehr die Mediatorin
was machen.

so werden wir unser
Nachwuchsproblem
niemals lösen.

so etwas würde es
bei Trigema
nicht geben.

weil wir doch
eigentlich auch ein
Startup sind.

so wird
Kundenzufriedenheit
neu definiert.

denn so entsteht
echte Brand Identity.

das wird ein super
Vortrag auf der OMR.

woraufhin die große
Kündigungswelle
beginnt.

dann geht es endlich wirklich um Data-Driven Decision-Making!

und will darüber
unbedingt einen
Impulsvortrag halten.

wer das nicht versteht,

ist hier falsch.

ab sofort ist
Homeoffice verboten.

weil so echte
Disruption aussieht.

das verlangt die
Globalisierung von uns.

das wird unser
Thermomix-Moment.

ganz nach dem Motto:
privat ist privat
und Job ist Job.

aber davon wollte vor
einem halben Jahr noch
niemand was hören.

bei Google machen
das auch alle.

muss sowas

gemeldet werden?

seitdem verkaufen wir
unsere Produkte
doppelt so teuer.

nie wieder SAP!

Die HR

Einer, den das
Arbeitsamt
geschickt hat,

Der dubiose
Feel Good Manager

Die Chefin

Die interne KI

Der neurotische Hausmeister

Die eine da aus der Rechtsabteilung

Das Intranet

Unser High Potential

Der neue
Chief Digital Officer

Der Schülerpraktikant

Irgendjemand aus der IT

Die Azubine

Der Trottel aus dem siebten Stock

Der komplett unfähige Finanzdirektor

Die Kaffeemaschine

Die Kathrin

Die Konkurrenz

Das Compliance-Team

Der mit denselben Pullis wie Steve Jobs

Einer von denen ganz oben

Der Cybersecurity-„Experte“

Der Social-Media-Thomas im Kundensupport

Ulrike aus der Unternehmenskommunikation

Der Diversity-Beauftragte

Die zweite Führungsebene

Der Betriebsrat

Das Rechnungswesen

Der Großkotz, der
immer Schlips trägt,

Der agile Coach

Die komplett überforderte Marketing-Chefin

Die eine, die
bald in Rente geht,

Der mit der Stromberg-Frisur

Die angebliche Qualitätssicherung

Irgendjemand aus der IT

Der unfreundliche Mann am Empfang

Der Bürohund

Dieser eine Mitarbeiter,
dessen Vornamen
niemand kennt,

Der Bürohengst

Der komplizierte Drucker

Der zweijährige Sohn des Chefs

Ein Mitarbeiter der Konkurrenz

Ein heimlich eingeschleuster Saboteur

Die Vertriebsleitung

Die Köchin
aus der Kantine

Der Obdachlose,
der immer vor dem
Büro sitzt,

Der Postbote

Der Typ, dem
wir eigentlich
gekündigt hatten,

Der mit dieser „Sache“ auf der Weihnachtsfeier

Der ... wie heißt
er noch?

hat den Feierabend
verboten,

war sieben Jahre
im Sabbatical auf Bali,

hat bis heute nicht
verstanden, wie Slack
funktioniert,

möchte in ungeraden KWs
nicht mehr arbeiten,

hat innerlich gekündigt,

hatte noch nie geile
Insights in der Präsi,

will das alles gerne
nochmal challengen,

sendet keine E-Mail
ohne Rechtschreibfehler,

verschickt Dickpics
mit dem Fax,

macht pro Woche
fünfzig Überstunden,

will asap eine Powerpoint
über Achtsamkeit,

will bis eob Results,

hat ein komplett
flaches Mindset,

versteht einfach nicht
den Purpose der Company,

ist nur noch wegen
vermögenswirksamer
Leistungen hier,

schläft im Büro
fünf Stunden täglich,

plant alle Mitarbeiter
durch ChatGPT
zu ersetzen,

hat mehrfach den
eigenen Hintern kopiert,

kippt Wodka in den Wasserspender,

verkauft Büromaterial
auf Kleinanzeigen,

belügt alle Kunden,

will Boni nur noch
in Rubel auszahlen,

fühlt sich irgendwie
nicht richtig gesehen,

druckt jede E-Mail aus,

will mehr Ownership,

will Dienstreisen
aus Umweltgründen
nur noch mit dem
E-Scooter machen,

findet, es gibt
keine Probleme,
nur Opportunities,

muss noch
172 Urlaubstage
abarbeiten,

fragt sich, für wen
man das hier alles
eigentlich noch macht,

will alle Meetingräume
nach Yoga-Positionen
benennen,

will immer zuerst
nochmal alle abholen,

braucht dringend Hilfe,

hat sich mal angeguckt,

wie die das im

Silicon Valley machen,

fragt sich, ob man
Kolleginnen überhaupt
noch ein Kompliment
machen darf,

will, dass sich ab sofort
alle wieder siezen,

instrumentalisiert
Kinder in der Betriebskita
zum Networking,

geht deutlich zu selten
zur Therapie,

findet jeden
LinkedIn-Post des Chefs
inspirierend,

nimmt das mal mit,

schwänzt jedes
All-Hands Meeting,

hasst Prozesse,

ist mit einem
gefälschten Lebenslauf
eingestellt worden,

war noch keinen
einzigen Tag im Büro,

ist im Homeoffice
durchgehend nackt,

kommt eigentlich nur
ins Büro, um zu schlafen,

hat so eine
schlimme Familie, dass
jede Überstunde
ein Genuss ist,

ist noch nie nüchtern
zur Arbeit gekommen,

schreibt ein
Enthüllungsbuch über
die Missstände hier,

speichert gerade

Final_neu_neu_final_

1_2.doc ab,

will den Sales Funnel
durch vertikales Design
skalieren,